フランスから届いた
絵本みたいな刺しゅう

今野はるえ (1/2 PLACE)

はじめに

どうぶつが出てくる古い絵本が大好きで、

蚤の市で気に入ったものを見つけると買っていました。

コミカルな動きや人間のように振る舞う姿が描かれている絵本を

見ていると、いろいろと想像力が高まります。

絵本のなかに見つけた気に入った絵柄を、

布のバッグに刺しゅうしてみたのがきっかけでした。

刺しゅうの技術は全くもっていなかったので、すべて我流。

絵を描くように糸を進ませてみたら、なんだかおもしろくなってきて、

いろいろなシチュエーションを想像しながら図案を書いてみました。

私の図案はあくまで手助け・イメージにすぎません。

この通りにきっちりやらなくてもいいんです。絵を描くように

楽しく刺しゅうしていただけたら、多少ヘンテコになっても

きっと愛おしいものができると思います。

Sommaire
目次

10 はじめに

12 道具について / 図案の写し方、刺し方

13 ステッチ

14 この本に出てくる 絵本みたいな 25 の図案 & この本の見方

66 小物の作り方

手さげバッグ / ポーチ / 巾着 / ブローチ / ポケット

70 omake by Harue Konno

道具 *Matériaux*

刺しゅう枠

刺しゅう用
糸切りハサミ

ピンクッション

チャコペン
（水で消えるもの）

トレーサー

トレーシングペーパー
（水で消えるもの）

布（古いリネン）
Tissus

※私は蚤の市で買った古いリネンのシーツを使っていますが、ある程度の厚さがある布ならば、どんなものでも大丈夫。

図案の写し方、刺し方 *Comment dessiner*

1 生地、チャコペーパー、図案の順に重ねトレーサーで図案をなぞる。　なぞった生地。

2 薄い部分に上から線を加えていく。チャコペーパー、チャコペンはともに洗うと落ちるタイプのものが便利。

3 刺しゅう糸の色を確認。※指定の色を使わない場合は、色を置いてみるとイメージしやすいです。

4 必要であれば刺しゅう枠を使って刺していく。

ステッチ *Point de broderie*

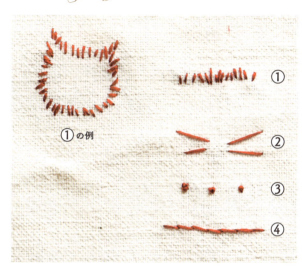

①の例

この本で使うステッチです。

17p〜ページ右側端の図で指定しています。
数字 → 刺しゅう糸の色番号（すべてDMC25 2本取り）。
丸く囲われた数字 → 以下①〜④のステッチ内容を指します。
例：809② → 色番号809、ステッチ②を使用

① 顔、体の輪郭の他、洋服の模様で使います。なみ縫いのイメージです。
② 1本線のときに使います。ひげなど。
③ ドットのときに使います。目の中や洋服など。目の中は3回ぐるぐる、指定のないものは2回ぐるぐるがおすすめです。
④ 目のまわり、はな、くちの他、ぬりつぶすときや長めの線のときに使います（洋服の輪郭など）。アウトラインステッチのイメージです。

13

絵本みたいな 25の図案

25 dessins comme des petites histoires

この本の見方

- 原寸作品
- 原寸図案
- この作品で使う 刺しゅう糸色番号一覧
- 刺しゅう糸番号&ステッチ情報

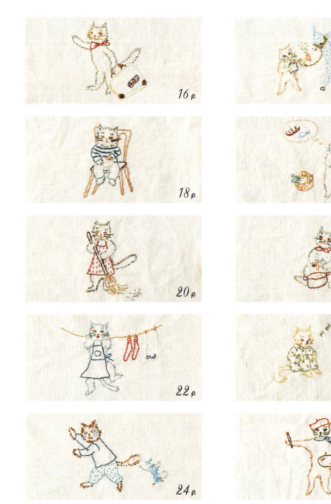

16p
18p
20p
22p
24p
26p
28p
30p
32p
34p

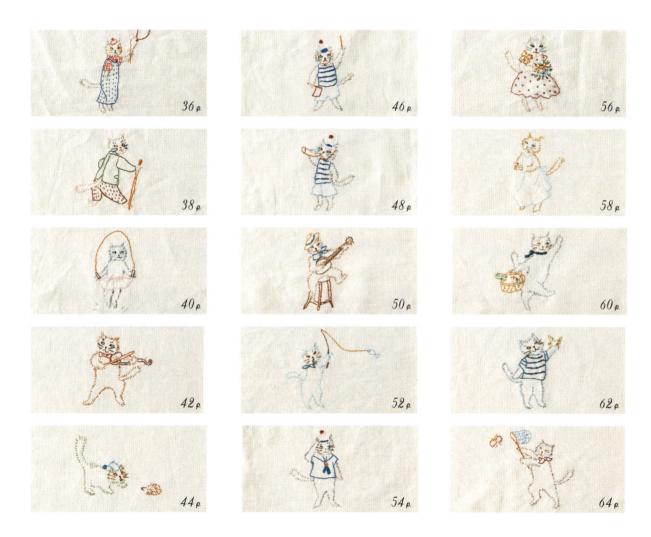

15

図案:原寸

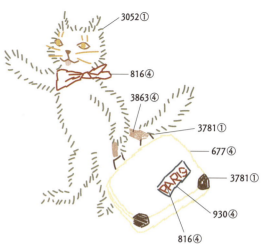

まつげ:832①
ひげ:832②
目の中:832③
はな・くち・目のまわり:67④
ベろ:3689④

数字→色番号
①〜④→ステッチ番号(13p 参照)

ここで使った刺しゅう糸色番号
3052 832 67 3689
816 3863 3781 677 930

図案：原寸

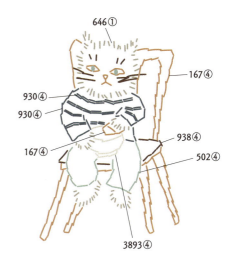

まつげ：938①
ひげ：938②
目の中：502③
はな・くち・目のまわり：167④

数字→色番号
①〜④→ステッチ番号（13p 参照）

ここで使った刺しゅう糸色番号
646　938　502　167
930　3893

図案：原寸

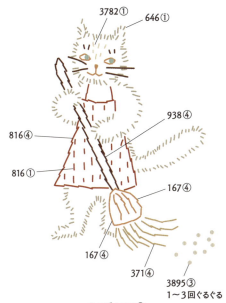

まつげ：938①
ひげ：938②
目の中：502③
はな・くち・目のまわり：167④

数字→色番号
①〜④→ステッチ番号（13p 参照）

ここで使った刺しゅう糸色番号				
3782	938	502	167	646
938	3895	371	816	

21

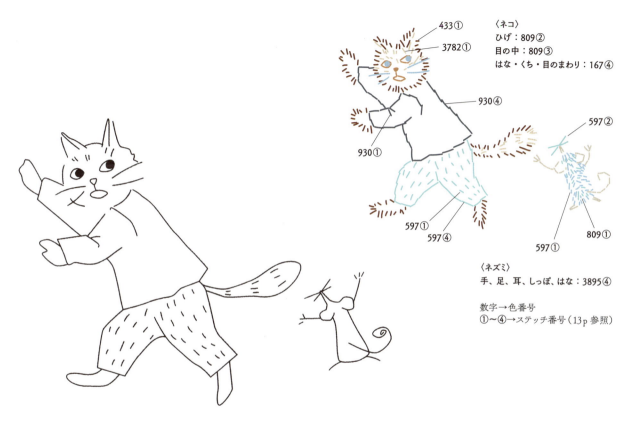

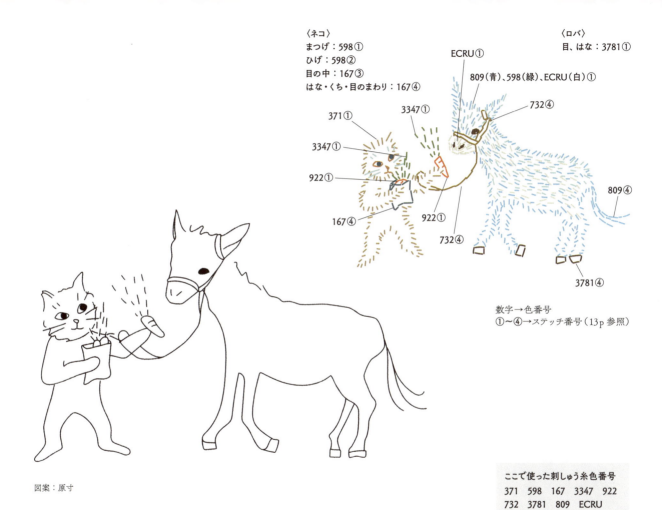

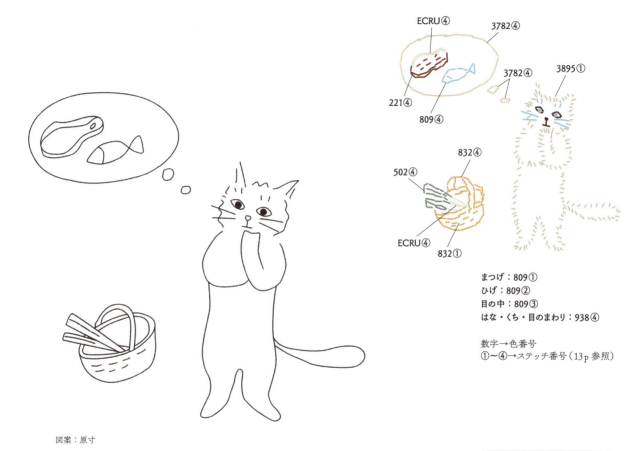

まつげ：809①
ひげ：809②
目の中：809③
はな・くち・目のまわり：938④

数字→色番号
①～④→ステッチ番号（13p 参照）

ここで使った刺しゅう糸色番号
3895　809　938　3782
ECRU　221　832　502

図案：原寸

図案：原寸

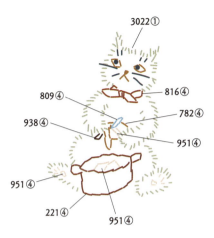

まつげ：930①
ひげ：930②
目の中：930③
はな・くち・目のまわり：782④

数字→色番号
①〜④→ステッチ番号（13p参照）

ここで使った刺しゅう糸色番号
3022　930　782　816　951
221　938　809

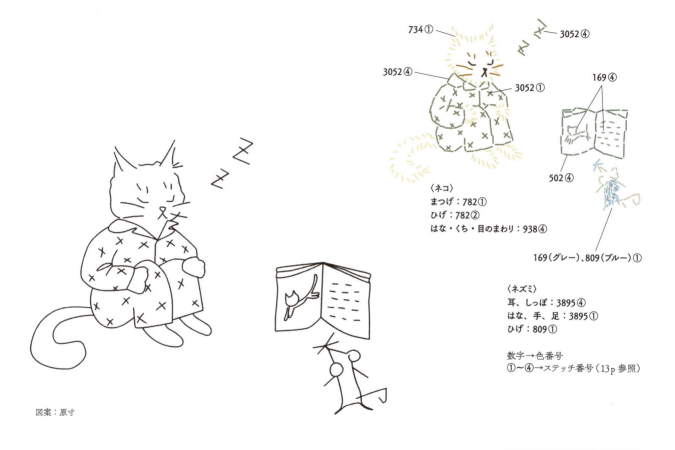

〈ネコ〉
まつげ：782①
ひげ：782②
はな・くち・目のまわり：938④

169（グレー）、809（ブルー）①

〈ネズミ〉
耳、しっぽ：3895④
はな、手、足：3895①
ひげ：809①

数字→色番号
①〜④→ステッチ番号（13p参照）

図案：原寸

ここで使った刺しゅう糸色番号			
734	782	938	3052
3895	809	169	502

図案：原寸

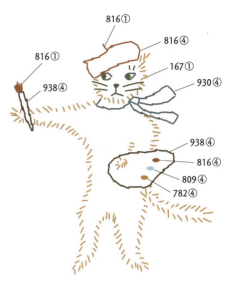

まつげ：3362①
ひげ：3362②
目の中：3362③
はな・くち・目のまわり：413④

数字→色番号
①〜④→ステッチ番号（13p 参照）

ここで使った刺しゅう糸色番号
167　3362　413　816　930
938　809　782

35

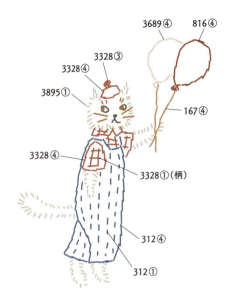

図案：原寸

まつげ：782①
ひげ：782②
目の中：782③
はな・くち・目のまわり：3362④

数字→色番号
①〜④→ステッチ番号（13p 参照）

ここで使った刺しゅう糸色番号
3895　782　3362　3328
312　3689　816　167

図案:原寸

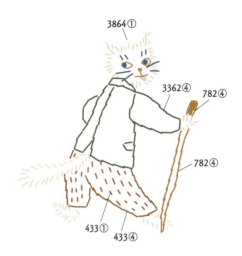

まつげ：312①
ひげ：312②
目の中：312③
はな・くち・目のまわり：167④
べろ：3689④

数字→色番号
①〜④→ステッチ番号（13p 参照）

ここで使った刺しゅう糸色番号
3864　312　167　3689
3362　782　433

39

図案:原寸

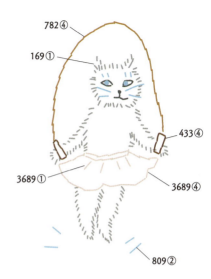

まつげ:809①
ひげ:809②
目の中:809③
はな・くち・目のまわり:413④

数字→色番号
①〜④→ステッチ番号(13p参照)

ここで使った刺しゅう糸色番号
169　809　413　782
433　3689

まつげ：413①
ひげ：413②
目の中：413③
はな・くち・目のまわり：433④

数字→色番号
①〜④→ステッチ番号（13p 参照）

図案：原寸

ここで使った刺しゅう糸色番号
167　413　433　3864
782　816

43

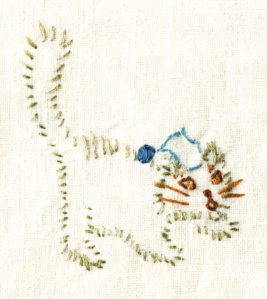

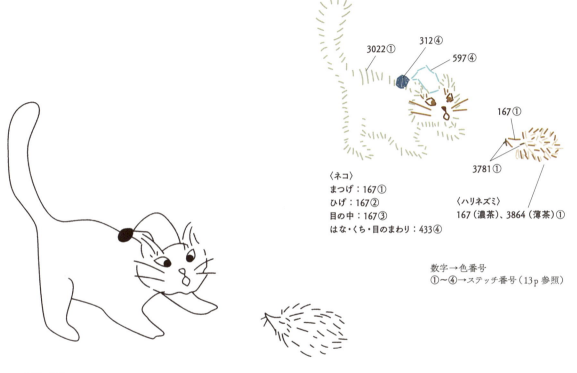

〈ネコ〉
まつげ：167①
ひげ：167②
目の中：167③
はな・くち・目のまわり：433④

〈ハリネズミ〉
167（濃茶）、3864（薄茶）①

数字→色番号
①〜④→ステッチ番号（13p参照）

図案：原寸

ここで使った刺しゅう糸色番号
3022　167　433　597　312
3781　3864

45

図案：原寸

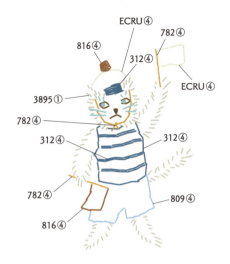

まつげ：597①
ひげ：597②
目の中：597③
はな・くち・目のまわり：433④

数字→色番号
①〜④→ステッチ番号（13p 参照）

ここで使った刺しゅう糸色番号
3895　597　433　816
ECRU　782　312　809

47

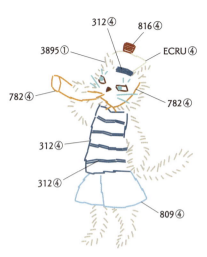

まつげ：597①
ひげ：597②
目の中：597③
はな・くち・目のまわり：433④

数字→色番号
①〜④→ステッチ番号（13p 参照）

図案：原寸

ここで使った刺しゅう糸色番号
3895　597　433　816
ECRU　782　809　312

図案：原寸

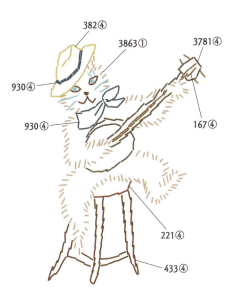

まつげ：597①
ひげ：597②
目の中：597③
はな・くち・目のまわり：433④

数字→色番号
①～④→ステッチ番号（13p参照）

ここで使った刺しゅう糸色番号			
3863	597	433	382
3781	167	221	930

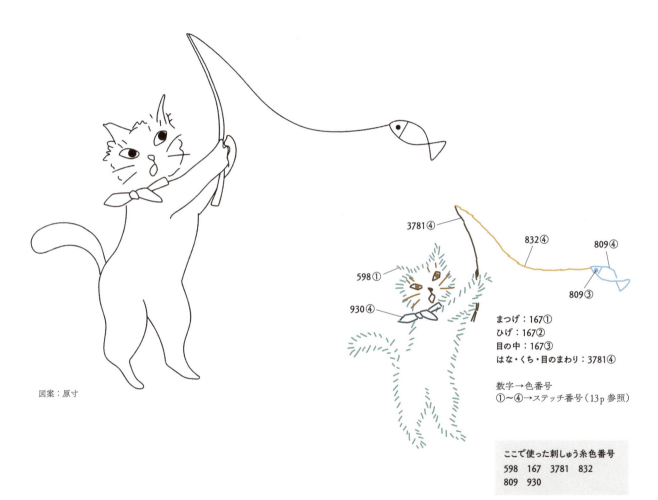

図案：原寸

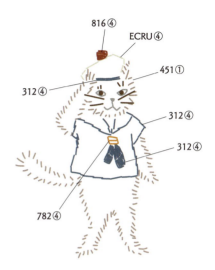

まつげ：3781①
ひげ：3781②
目の中：3781③
はな・くち・目のまわり：169④

数字→色番号
①〜④→ステッチ番号（13p参照）

ここで使った刺しゅう糸色番号
451　3781　169　816
ECRU　312　782

55

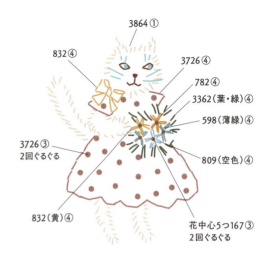

まつげ：597①
ひげ：597②
目の中：597③
はな・くち・目のまわり：433④

数字→色番号
①〜④→ステッチ番号（13p参照）

図案：原寸

ここで使った刺しゅう糸色番号
3864　597　433　3726　832
782　598　809　167　3362

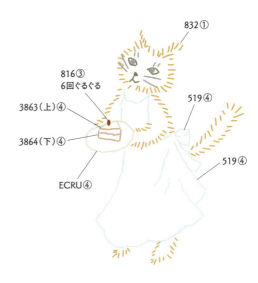

まつげ：169①
ひげ：169②
目の中：169③
はな・くち・目のまわり：3052④

数字→色番号
①〜④→ステッチ番号（13p参照）

図案：原寸

ここで使った刺しゅう糸色番号
832　169　3052　519　816
3863　3864　ECRU

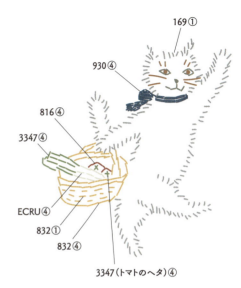

図案：原寸

まつげ：167①
ひげ：167②
目の中：167③
はな・くち・目のまわり：3052④

数字→色番号
①〜④→ステッチ番号（13p参照）

ここで使った刺しゅう糸色番号
169　167　3052　930　816
3347　ECRU　832

61

図案：原寸

まつげ：732①
ひげ：732②
目の中：782③
はな・くち・目のまわり：3781④

数字→色番号
①〜④→ステッチ番号（13p 参照）

ここで使った刺しゅう糸色番号
169　732　3781　930
782　734

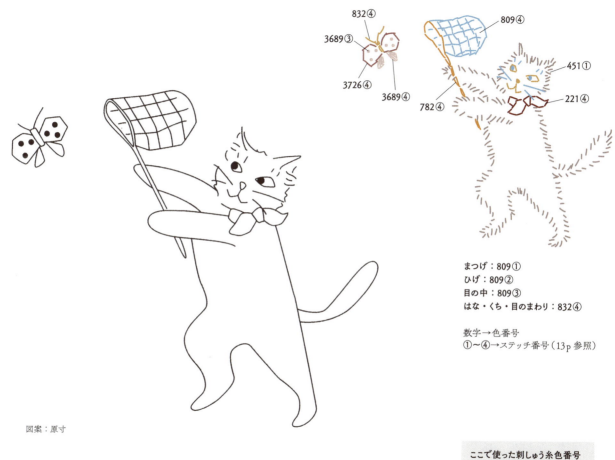

まつげ：809①
ひげ：809②
目の中：809③
はな・くち・目のまわり：832④

数字→色番号
①〜④→ステッチ番号（13p 参照）

図案：原寸

ここで使った刺しゅう糸色番号
451　809　832　221　782
832　3689　3726

小物の作り方

手提げバッグ（7p、66p）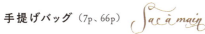

出来上がり：
タテ23cm、ヨコ22cm
持ち手：幅2cm、長さ24cm

縫い代は上部3cm、他は1.5cm。5m/mのところをぐるり縫う。

ひっくり返して中表に。1cmのところをぐるり縫って縫い代を入れ込む。

上部を折り返し三つ折りで縫う。

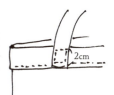

持ち手は4cmの縫い代にして本体に縫い付ける。ひっくり返して出来上がり。

ポーチ（4p、66p）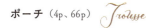

出来上がり：
タテ23cm、ヨコ23cm、底マチ4.5cm
ファスナー：25cm

上部は二つ折りにしてファスナーに縫い付ける。

縫い代は上部2cm、他1cm。

中表にしてぐるりと縫う。このときファスナーは開けておくこと。そうでないとひっくり返せない。

底にマチを付ける。4〜5cmほど縫う。

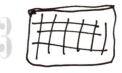

ポーチと同サイズの袋を作り内側に入れてファスナー部分にまつり付ける。裏側を表にすると付けやすい。

最後にひっくり返して出来上がり。

巾着（9p）

出来上がり：タテ23cm、ヨコ21.5cm

作りたい巾着の大きさに縫い代（1.5cm）を付けてカット。
上部は折り返しのため3〜4cmの縫い代を付ける。

1
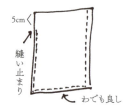

5cm
縫い止まり
わでも良し

中表にして両サイドを縫う。片側ひもを出す部分をあけておくため、上部5cmは縫わない。

両側からひもを引きたいときには両サイドの上部5cmをあけておく。

2

縫い止まりに切り込みを入れる。

3

折り返す

4

三つ折り

5

薄い裏地

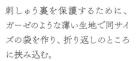

刺しゅう裏を保護するために、ガーゼのような薄い生地で同サイズの袋を作り、折り返しのところに挟み込む。

6

ひもを通して出来上がり。

ブローチ（6p）

出来上がり：
タテ 10cm、ヨコ 5.5cm

刺しゅうまわり2〜3cmを余裕をもってカットする。裏側になる生地も同サイズでカット。

中表に重ねて4〜5cmのあきを残してぐるり縫う。

ひっくり返して綿を入れ、縫い閉じる。

ブローチピンを縫い付けて出来上がり。

フェルト → 　＜応用＞
フェルトを台にして刺しゅうのまわりを1cmほど折り返してフェルトに縫い付ける。裏面にアップリケ用アイロンシートをつければワッペンに。

ポケット（5p）

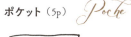

出来上がり：
タテ 16cm、ヨコ 14.5cm

出来上がり寸法に縫い代分（1.5cm）をプラスしてカット。
上部 +3cm、ヨコ・底 +1cm

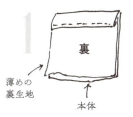

薄めの裏生地　本体

上部を三つ折りにしてステッチをかける。刺しゅう裏を保護したいときには薄い生地を裏側にあてる。

横と底の縫い代1cmを裏側に折り返す。

付けたい物に縫い付けて出来上がり。

今野はるえ　Harue Konno

岩手県盛岡市出身。パリ在住。人形作家"1/2 Place（ドゥミ・プラス）"として活動。蚤の市やブロカントでアンティークリネンや生地と出会い、その魅力の虜になりもの作りを始める。アンティークのリネンを使ったネコの人形が口コミで話題になり、現在はネコ、イヌ、ネズミなどの動物シリーズ他、女の子"ジネット"の着せ替え人形を制作。他にもアンティーク生地で作るパリテイストのポーチやバッグなどのシンプルな小物も人気。著書に『パリの着せ替えどうぶつ人形』（産業編集センター刊）がある。

フランスから届いた絵本みたいな刺しゅう

2018年12月13日　第一刷発行
2019年 2月 5日　第二刷発行

著者：今野はるえ
写真：篠あゆみ（カバー・本文：風景、人物、作品）、福井裕子（本文：作品原寸）
図案トレース：山本祥子（産業編集センター）
編集：福永恵子（産業編集センター）
デザイン：白石哲也（Fält）

発行：株式会社産業編集センター
〒112-0011 東京都文京区千石4-39-17
TEL 03-5395-6133
FAX 03-5395-5320

印刷・製本：株式会社シナノパブリッシングプレス

©2018 Harue Konno Printed in Japan
ISBN978-4-86311-206-3 C5077

本書掲載の写真・文章・図案を無断で転載することを禁じます。
刺しゅうデザインの権利は著者に帰属します。
乱丁・落丁本はお取り替えいたします。